LAS CLAVES PARA EL ÉXITO

- Adam Smith
- El principio de Pareto
- El estrés laboral
- La pirámide de Maslow

EL PLAN DE NEGOCIOS

Cómo crear un plan óptimo para su empresa

Economía y empresa | en50MINUTOS.es

EL PLAN DE NEGOCIOS

Cómo crear un plan óptimo para su empresa

Por Antoine Delers
En colaboración con Brigitte Feys
Traducido por Laura Bernal Martín

Economía y empresa   en50MINUTOS.es

EL PLAN DE NEGOCIOS

- **¿Denominaciones?** Plan de negocios, *business plan*, plan de empresa.
- **¿Utilidad?** Se utiliza generalmente en la creación de nuevas empresas o en el lanzamiento de nuevos productos. El plan de negocios permite valorar la viabilidad de un proyecto, teniendo en cuenta las características del mercado, y define también el plan de marketing inherente.
- **¿Por qué es eficaz?** El plan de negocios permite establecer los límites y también las perspectivas de un proyecto empresarial al detallar el conjunto de puntos importantes en la creación de una empresa: producto, mercado, recursos, etc. Es obligatorio cuando se crea una nueva sociedad y cuando la financiación es externa, y permite fijar y presentar a corto y medio plazo la estrategia y la rentabilidad financiera del proyecto, así como los factores clave de su éxito. Las previsiones y las estrategias que se establecen en el plan de negocios permiten supervisar el correcto desarrollo de las actividades empresariales y realizar, si fuera necesario, los ajustes que permitan lograr con la mayor eficacia posible los objetivos fijados inicialmente.
- **¿Palabras clave?**
  - <u>Análisis PESTEL</u>: estudio de los factores macroeconómicos (políticos, económicos, socioculturales, tecnológicos, ecológicos y legislativos) del entorno que pueden influir en el desarrollo de una empresa. El análisis no trata los factores del entorno microeconómico que, aunque también son externos a la empresa,

son específicos del sector de actividad de una empresa.

- ○ <u>Análisis FODA</u>: también llamado análisis DAFO o análisis SWOT, por sus siglas en inglés. Estudio del contexto interno y externo que permite identificar las fortalezas, debilidades, oportunidades y amenazas relacionadas con una empresa concreta.
- ○ <u>Estudio de mercado</u>: análisis cualitativo y/o cuantitativo de los distintos actores (como clientes, proveedores, competidores, etc.) y de las tendencias de mercado.
- ○ <u>Mercado</u>: en el sentido más estricto de la palabra, se trata de un conjunto de empresas, clientes, proveedores y otros intermediarios que están implicados en una misma actividad; en un sentido más amplio, comprende los productos y materias primas, además de los terceros que interactúen en el mercado.
- ○ *Marketing mix* o <u>plan de marketing</u>: combinación coherente de las variables de precio, producto, posición y promoción de una actividad (comunicación), que tiene como objetivo incitar al cliente a la compra.
- ○ <u>Plan financiero</u>: plan que detalla los ingresos y los gastos de una empresa, en el que se incluyen los balances y las cuentas de resultados históricos y estimados.

El origen del plan de negocios coincide con la creciente voluntad de establecer y garantizar una cierta estabilidad, sobre todo en términos de financiamiento, en el transcurso de un nuevo lanzamiento (concreción de un proyecto, creación de una empresa, etc.). El plan de negocios resulta necesario si se quiere dibujar el futuro de un nuevo proyecto empresarial con el objetivo de ponerlo en marcha. Sobre todo a lo largo de los años 60 –periodo en el que se multiplicaron las crisis y los grandes cambios transectoriales (las crisis petroleras y la llegada de la informática los fuerzan)–, esta herramienta se convirtió en indispensable a la hora de poner en marcha y gestionar eficazmente una empresa. Además, permite llamar la atención de los responsables de la toma de decisiones, los gestores, los banqueros, etc., que son a su vez *stakeholders* (accionistas) potenciales que perciben claramente las perspectivas de rentabilidad y que puede que quieran invertir en el proyecto.

DEFINICIÓN DEL MODELO

El plan de negocios informa a los directivos, a los accionarios y a los posibles prestamistas de fondos, puesto que les ofrece una visión global de la (nueva) empresa, de sus modelos de desarrollo, de sus elecciones estratégicas y de su entorno. Se trata de un documento que describe fundamentalmente:

- **la empresa y sus características principales**, mediante una descripción de la estrategia y de los objetivos cercanos, un estudio de las fortalezas y debilidades de la nueva empresa y, en último lugar, mediante una presentación del futuro equipo;
- **el mercado y la clientela**, mediante un estudio de mercado que informa a terceros del estado del mercado (su crecimiento, su potencial, etc.), de los clientes (los comportamientos de compra, etc.), de la competencia, de los proveedores y de otros intermediarios clave;
- **la competencia prevista**, que recoge los principales puntos fuertes de la misma, aspectos que la (nueva) empresa tendrá que intentar superar;

- **el plan de marketing**, que detalla la estrategia de marketing planeada para el producto o para el servicio;
- **el plan operativo**, que describe el día a día de la organización de la empresa, sobre todo mediante el análisis de la cadena de valores y los diferentes procedimientos;
- **el plan financiero**, que completa el plan de negocios al proyectar las previsiones financieras en el futuro, entre las que se encuentra el retorno sobre la inversión (RSI o ROI, por sus siglas en inglés). Se trata de la parte que más le interesa a inversores y banqueros. Comprende fundamentalmente los ingresos y los gastos previstos durante los primeros años de existencia, así como el plan de inversión, los distintos socios previstos, y los balances y cuentas de resultados estimados.

TEORÍA Y PRESENTACIÓN DEL CONCEPTO

Si bien el término existe desde hace más de un siglo, el empleo de planes de negocios no se extendió hasta finales de los años sesenta y principio de los setenta (fin de los *Golden Sixties* y de las crisis petroleras a partir de 1973). En esta época, observamos dos cambios principales:

- la pusilanimidad de los inversores;
- la aparición y el desarrollo de la informática.

LA PUSILANIMIDAD DE LOS INVERSORES

Después de unas crisis que desanimaron ligeramente a los inversores, era necesario para las empresas en busca de financiamiento concebir y cuidar su presentación del proyecto para convencer con la mayor eficacia posible a los accionarios potenciales. Su discurso debía estar estructurado, ser profesional y mostrarse lo más realista posible.

La inversión de la curva de la oferta y la demanda incita a los inversores a una mayor prudencia en sus financiaciones: no quieren que se les escape detalle alguno. La caída de la demanda coincide con una multiplicación de proyectos cada vez más arriesgados, por lo que resulta primordial poder garantizar que el proyecto es totalmente viable gracias a unas bases concretas –es decir, al plan de negocios, siempre que este se haya elaborado con objetividad y realismo. Siempre ligado a este cambio, el aumento de la competitividad obliga a los emprendedores a realizar su trabajo con mayor rigor (elección y anticipación de riesgos potenciales) a la hora de crear una empresa, o incluso en el lanzamiento de un producto. Esto les lleva a elaborar un estudio preliminar para confirmar las perspectivas de éxito.

LA APARICIÓN Y EL DESARROLLO INFORMÁTICO

La segunda evolución está relacionada con la irrupción de la informática en los hogares, así como la de los productos intangibles (virtuales). El auge de Silicon Valley en Estados Unidos, cuna de las corporaciones tecnológicas, participa en este desarrollo. Por una parte, el nacimiento de múltiples empresas emergentes (*start-up*) de informática implica importantes inversiones; por otra, los inversores necesitan garantizar la viabilidad del RSI de los proyectos financiados.

EN LA ACTUALIDAD

Hoy en día, redactar un plan de negocios se ha convertido en un paso prácticamente ineludible para la gestión y la creación de nuevas actividades, incluso para el abandono de algunas y para la redistribución subsiguiente de los recursos. De hecho, los directivos necesitan una base sólida y congruente sobre la que trabajar, y los inversores precisan información relevante que les permitan invertir con plena confianza. En algunos casos (poco numerosos), la ausencia de este documento es justificable. Retomaremos este asunto en el capítulo que versa sobre los límites del modelo.

LAS 9 ETAPAS CLAVE PARA ALCANZAR EL ÉXITO – EL PLAN DE NEGOCIOS CLÁSICO

No olvidemos que el plan de negocios es la proyección en el futuro de un proyecto, de su estrategia y de su estado financiero. Si bien no hay una sola buena forma de proceder –las variantes son posibles, un plan de negocios puede comprender entre siete y doce capítulos–, hemos elegido en este caso presentar la construcción del plan en nueve etapas.

1. Resumen ejecutivo (Executive Summary)
2. Presentación de la empresa y del equipo directivo
3. Análisis de mercado
4. Análisis de la clientela
5. Análisis de la competencia
6. Plan de marketing
7. Plan operativo
8. Plan financiero
9. Anexos

Resumen ejecutivo

El resumen ejecutivo (*Executive Summary* o *Management Summary* en inglés) es un resumen de entre una y dos páginas del proyecto, y se dirige a los directivos y a terceros interesados. Debe presentar de forma concisa las principales directrices del plan de negocios: el tipo de productos y de servicios que se han creado, la estrategia que se ha puesto en marcha, la clientela que se tiene como objetivo y, por último, los principales datos financieros, como el retorno sobre la inversión. Tiene que ser completo, para que el lector pueda hacerse rápidamente una idea del potencial del proyecto.

Presentación de la empresa y del equipo directivo

La segunda parte del plan de negocios se refiere a la propia empresa, a su estrategia general, a sus objetivos a corto, medio y largo plazo, así como a sus ventajas y aspiraciones (futuros desafíos). En este punto, puede resultar interesante construir un plan con un análisis FODA como base para describir la empresa y su contexto. El emprendedor aprovechará la ocasión para poner de relieve las fortalezas, las debilidades, las oportunidades y las amenazas.

El análisis FODA

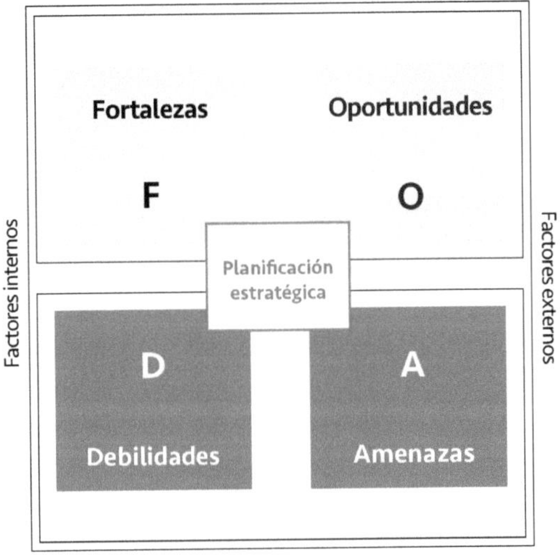

En un análisis FODA o SWOT (por sus siglas en inglés), las fortalezas son las ventajas inherentes a la empresa como, por ejemplo, su ubicación en un lugar propicio para el negocio, mientras que las debilidades representan los puntos flacos (internos). Por último las oportunidades y las amenazas (factores externos) indican las perspectivas de futuro de la empresa. El objetivo es aprovechar las oportunidades eliminando las amenazas y corregir las debilidades gracias a las fortalezas.

También deben definirse en este punto los objetivos de la empresa a corto, medio y largo plazo: crecimiento en términos de cuotas de mercado, incremento del número de clientes, aumento de la rentabilidad, etc.

En último lugar, la presentación de la empresa debe incluir una descripción del equipo directivo, es decir, los CV, los tipos de aportaciones y las futuras responsabilidades de los socios que van a crear/gestionar la empresa.

Análisis de mercado

El análisis de mercado, además de presentar a este último en su totalidad, señala los factores externos a la empresa que pueden tener cierta influencia en la futura compañía (o en el futuro de la misma). El objetivo de este apartado no es describir a los clientes y sus comportamientos sino, más bien, presentar de forma amplia de qué está formado el mercado actual, qué evoluciones hay que esperar en el mismo, la legislación en vigor, etc. Para crear una visión completa y fiel a la situación externa podemos apoyarnos en un análisis PESTEL. Este presenta el contexto macroeconómico mediante el prisma de seis factores concretos.

El análisis PESTEL

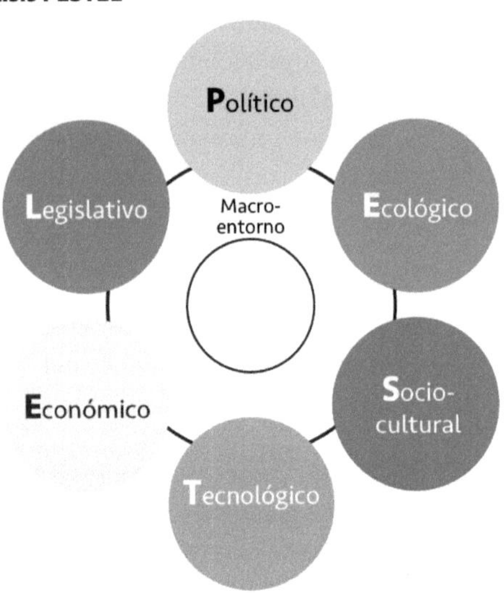

- **Político**. ¿Hay presión gubernamental? ¿Hay estabilidad política?
- **Económico**. ¿Cuáles son las tasas de interés y de crecimiento? ¿Cuál es la política monetaria?
- **Sociocultural**. ¿Qué sucede con la demografía? ¿Qué leyes sociales se encuentran en vigor?
- **Tecnológico**. ¿De qué tecnologías y nuevas patentes disponemos?
- **Ecológico**. ¿Cuáles son las normas medioambientales? ¿Qué política de desarrollo sostenible se ha puesto en práctica?

- **Legislativo**. ¿Cuáles son las leyes del sector en vigor? ¿Qué protección al consumidor existe?

Lo que se busca validar con este tipo de análisis son la pertinencia y la legitimidad de la implantación de una nueva empresa en el mercado.

El estudio de mercado

El estudio de mercado constituye generalmente la base de todo plan de negocios. Es una etapa prácticamente obligatoria, ya que le permite al emprendedor ser consciente de las condiciones reales –porque busca en la fuente– del mercado del que forma parte (o formará parte) su empresa. Sin embargo, a menudo se descuida porque precisa de una cierta dedicación, un tiempo que los emprendedores prefieren emplear en la puesta en marcha concreta de la empresa. Utilizamos los estudios de mercado cuando buscamos:

- explorar las evoluciones del mercado para saber si aquel en el que queremos adentrarnos es o no adecuado para la nueva empresa;
- definir la clientela objetivo, su procedencia y sus comportamientos de compra;
- conocer mejor la competencia. ¿Está bien asentada? ¿Qué productos propone? ¿Cuáles son sus puntos fuertes y, por consiguiente, sus ventajas competitivas?;
- darnos cuenta de aspectos ligados a los proveedores (número, acuerdos y posibles márgenes);

- por último, detectar el resto de factores que pueden ejercer influencia, como el lugar de implantación, las leyes de comercio, las normas sociales y el resto de socios.

Análisis de la clientela - ¿Quiénes son los consumidores objetivo?

El análisis de la clientela es uno de los puntos más importantes que deben desarrollarse en el plan de negocios puesto que, evidentemente, ¡sin clientes no hay ingresos! Por tanto, el análisis tiene como objetivo describir a la futura clientela potencial. En este punto, es preciso saber con claridad quién la forma, cómo segmentarla, qué zona de influencia escoger, etc. Los institutos de estadística suelen poder proporcionar buena parte de estos datos.

Las necesidades de los consumidores, dicho de otra forma, aquello a lo que aspiran, también deben ocupar un lugar preponderante en la reflexión para lograr definir las características de la clientela objetivo. Por ello, es necesario llevar a cabo un estudio de mercado sobre el terreno para observar los hábitos de compra y lo que quieren los consumidores, su poder adquisitivo y el precio que estarían dispuestos a pagar: el objetivo es ofrecer productos que puedan responder a sus necesidades.

Análisis de la competencia

En este punto, es necesario interesarse ante todo por los factores externos a la empresa que desempeñan de forma directa un papel en su sector y que influyen en el frágil equilibrio de la oferta y la demanda. Con este análisis se pretende poner de relieve los diversos competidores ya establecidos en el mercado, estudiar sus productos, los precios que han fijado y sus ventajas competitivas. El objetivo es saber cómo la empresa podrá superarlos y qué ventaja competitiva va a desarrollar. Si bien es complicado realizar un análisis exhaustivo, un análisis FODA de la competencia permitirá descubrir sus fortalezas y debilidades.

En último lugar, exponemos una clasificación de competidores directos e indirectos que puede resultar interesante y a los que la empresa no debería olvidar.

- **Los competidores directos** son aquellos que proveen un servicio idéntico al de la empresa para responder a una necesidad comparable.
- **Los competidores indirectos** ofrecen un servicio diferente, pero responden a la misma necesidad.

Plan de marketing o *marketing mix*

Gracias a los análisis de la clientela y de la competencia realizados, es posible definir una estrategia de acercamiento a los futuros consumidores y concebir un plan de marketing (también llamado *marketing mix*). Este será el encargado de describir los principales elementos de la estrategia de venta de un producto o de un servicio.

- **Producto**. ¿Qué producto o servicio se propone?
- **Precio**. ¿Está mi precio en la línea del de mis competidores? ¿De qué forma puede afectar una diferencia de precios al comportamiento de compra de los consumidores?

- *Place* **(canales de comunicación).** ¿En qué canales de venta se distribuirá? ¿A través de Internet? ¿En una tienda?
- *Promotion* **(comunicación y difusión).** ¿Con qué publicidad se contará? ¿Qué tono se empleará? ¿Qué imagen y qué valores se desea transmitir?

Las 4P del plan de marketing

Esta mezcla de cuatro variables permite realizar un plan coherente en la puesta en marcha de la estrategia de marketing. Los puntos principales del análisis FODA realizado anteriormente pueden ser buenos complementos de este plan.

LA TEORÍA DE LAS 7P

Aunque las 4P forman una combinación eficaz y coherente para organizar el plan de marketing, algunos prefieren añadir dos, tres o cuatro más para matizar el concepto. Las variables más populares son: *People* (personas), noción que engloba a los comerciantes y su poder de venta, y *Physical Support* (soporte físico), que comprende tanto los puntos de venta como los lugares de promoción.

Plan operativo

Este apartado se dedica a la gestión de la empresa y de sus actividades cotidianas: organización de los distintos departamentos, interacción con los intervinientes externos (como los proveedores), etc. Debe ser capaz de responder a las siguientes preguntas: ¿cómo está internamente organizada la empresa? ¿Cómo se puede obtener el producto? ¿Qué procedimientos se ponen en marcha? ¿Qué servicios relacionados están subcontratados? Por último, según las necesidades del formato del plan de negocios, se puede presentar la información de diversas formas:

- un organigrama que presente los distintos departamentos, con los vínculos que les unen (en caso de que existan);
- un plan detallado mes a mes de las diferentes actividades de lanzamiento, que comprenda los *milestones* (puntos importantes) del proyecto;
- un análisis de la cadena de valores, es decir, una presentación de las actividades que vaya de la etapa de investigación y desarrollo a la del servicio de posventa.

Plan financiero

Dado que actualmente la quiebra, sobre todo de las *startup*, es muy corriente, el criterio de viabilidad de la empresa es ahora crucial: si no es concluyente, puede traducirse en una cierta pusilanimidad por parte de los proveedores de fondos, lo que frenaría sin lugar a dudas el dinamismo de nuestra economía. Además de los ingresos y de los gastos previstos, el plan financiero incluye un plan de inversión, los socios financieros potenciales y los resúmenes y cuentas de resultados estimados.

Este plan financiero, que se suele establecer por una duración de tres años, es con toda seguridad uno de los apartados más consultados del plan de negocios, puesto que supone un compromiso por parte de los fundadores durante los tres primeros años del lanzamiento e interesa especialmente a inversores y banqueros, que quieren asegurarse de la viabilidad de la empresa. Los primeros se detendrán en la noción de riesgo en relación al rendimiento así como en el retorno sobre la inversión, mientras que los segundos comprobarán que la sociedad es totalmente capaz de reembolsar sus préstamos durante los primeros años. Cabe destacar que, si bien es posible la financiación de un plan a cinco o diez años, proyectarlo demasiado lejos en el tiempo puede hacer que las previsiones sean imprecisas e incluso, en ciertos casos, falsas.

Como sucede con el plan operativo, podemos detallar el plan financiero en varios puntos según las necesidades. Este comprende:

- **una tabla de usos y de aporte de los fondos financieros para el lanzamiento de la empresa**. Estas medidas pueden incluir los gastos de constitución, los activos fijos, el

stock, el presupuesto inicial, las distintas contribuciones y préstamos que se contratarán;
- **los resúmenes y las cuentas de resultados estimados en el período de los tres primeros años**. En este apartado no es obligatorio añadir documentos completos (puesto que podemos incorporarlos en los anexos del plan de negocios): solo se tendrán que indicar obligatoriamente las cifras más significativas.

Anexos

En último lugar, los anexos contienen el conjunto de documentos y de datos que no pueden aparecer directamente en el plan de negocios. Destacamos el plan financiero detallado, los estudios de mercado, el CV de los fundadores, las copias de los documentos sociales, las patentes y licencias, así como cualquier otro documento que aporte información complementaria pertinente.

APLICACIÓN DEL CONCEPTO

CONSEJOS Y BUENAS PRÁCTICAS

Aplicaciones concretas en la empresa

Este tipo de presentación no solo se emplea en las dos situaciones generales cuyos límites ya hemos delimitado (creación de una empresa o lanzamiento de un proyecto de envergadura), y en las que la creación de un plan de negocios es unas veces recomendable y otras obligatorio. También es útil en los siguientes casos:

- para realizar el seguimiento de una empresa durante su evolución a lo largo de los años, desempeñando el papel de documento de referencia que garantiza que el proyecto no se aleje demasiado de las previsiones iniciales. En caso de que existan cambios importantes en términos de estrategia, el plan de negocios se podrá adaptar (cuanto antes se detecten estas diferencias, antes se podrán subsanar);
- para convencer a los inversores y a los prestamistas de la rentabilidad del proyecto y del interés de invertir o de acordar un préstamo;
- para cumplir determinadas obligaciones legales, sobre todo la de presentar un plan financiero para la creación de una S.A. (sociedad anónima) o de una sociedad de responsabilidad limitada (S.R.L.), que es necesario incluir en los estatutos presentados ante notario;
- para aumentar la credibilidad de cara a futuros intermediarios potenciales (proveedores, distribuidores, etc.).

1. El plan de negocios permite delimitar los pormenores de un proyecto, garantizar que todas las situaciones han sido analizadas y que no se ha pasado por alto ningún aspecto. Olvidar la existencia de una fuerte competencia o de una barrera de entrada al mercado sería perjudicial.
2. Relacionado con la primera ventaja está el hecho de que el plan de negocios establece cuál es la estrategia y garantiza la viabilidad del proyecto.
3. Este documento estandarizado lo pueden comprender y presentar todos los agentes implicados, como inversores y prestamistas. Si bien la ley bancaria no obliga a que los emprendedores les entreguen un plan de negocios cuando pidan un préstamo (bancario), será difícil lograr fondos sin haber redactado uno.
4. Por último, el plan de negocios facilita la planificación en términos estratégicos, operativos y financieros durante los primeros años, y permite controlar si los objetivos se han alcanzado con éxito durante el lanzamiento del proyecto.

Recomendaciones para realizar un plan de negocios eficaz

- **Cuando realice un plan de negocios, piense con objetividad.** Es primordial calcular correctamente y con coherencia los diferentes puntos que se abordan y, sobre todo, hacerse a la idea de que atribuirse un salario desorbitado durante el primer año del proyecto no es siempre realista.

- **Asegúrese al máximo de la viabilidad de un nuevo proyecto**. Esto puede parecer evidente, pero obtener una rentabilidad suficiente los primeros tres años es importante para que el proyecto se mantenga a flote.
- **Enfrente las previsiones con las de la competencia**. Esto le permitirá determinar si el análisis del proyecto es pertinente o no. Si no es el caso, corríjalo de inmediato.
- **Haga que expertos en el ámbito validen su proyecto**. Puede tratarse de mesas de trabajo que puedan indicarle posibles incumplimientos, algo que le permitirá revisar su estrategia para que el plan de negocios esté más adaptado a las realidades del mercado.
- **Haga que terceras personas, no expertas, relean el plan**. Un plan de negocios debe poder leerlo y comprenderlo todo el mundo, sean o no especialistas en la materia.
- **Siga las evoluciones de la empresa con respecto al plan de negocios y ajústelo si fuera necesario**. Esta es una de las principales ventajas de la herramienta, puesto que permite comprobar que la estrategia que se ha previsto puede aplicarse. Por ello, es importante que el plan de negocios continúe siendo durante toda la gestión de la empresa una base de desarrollo y un apoyo, y para sus nuevas actividades en particular, durante los primeros años de lanzamiento.
- **En último lugar, no disimule información perjudicial ni oculte los verdaderos riesgos existentes. Tampoco**

modifique las previsiones financieras. ¡Los fundadores deben asumir sus responsabilidades si la empresa quiebra!

ESTUDIO DE CASO – EL BARRACUBA

Nuestro análisis de caso ficticio gira en torno a la apertura de un nuevo bar en el centro. El emprendedor es un antiguo alumno que no ha olvidado su época universitaria y que quiere reconciliarse con el sector. De hecho, se ha dado cuenta de que en su ciudad se organizan pocas actividades estudiantiles, y que los pocos bares para estudiantes que existen no están muy activos. Decide concretizar el proyecto con el apoyo de un antiguo compañero de estudios. Sus ahorros comunes no son suficientes y es necesario buscar fondos para comenzar el proyecto. Tras no tener éxito con inversores privados, se plantean la opción de acudir al banco y, para que les tomen en serio, deciden presentar un plan de negocios (de entre 20 y 30 páginas). A continuación encontrará dicho plan a grandes rasgos.

Resumen ejecutivo

El BarraCuba es un nuevo bar con una atmósfera moderna dirigido esencialmente a un público joven. Para animarlo, se organizarán regularmente noches temáticas y pequeños conciertos. Idealmente ubicado en la zona estudiantil, este lugar de encuentro propone consumiciones a precios que se encuentran entre los más reducidos de la ciudad.

Presentación del bar y del equipo

La estrategia del BarraCuba se centra sobre todo en un público joven, al que acogerá tanto de día como de noche.

El FODA del nuevo proyecto

Los emprendedores también desean que haya un ambiente distendido en el que la música y el baile desempeñen un papel importante, convencidos de que atraerán sobre todo a un público joven y moderno.

La sociedad estará representada por Charles T., antiguo universitario y comercial, y por Thomas P., también antiguo alumno, y contable. Cada socio aportará de fondos propios una suma de 12 500 € que depositarán en el fondo de comercio.

Análisis del mercado de los bares

Este tipo de análisis –el PESTEL, entre otros– se centra en el mercado del entretenimiento combinado con la venta de bebidas. Se trata de un sector que no atraviesa un buen momento desde hace algunos años por diversos motivos.

Análisis PESTEL

Político	• Aumento del impuesto especial sobre el alcohol, que no beneficiará al volumen de negocios
Ecológico	• Crisis económica que empuja a la gente a gastar menos y a preferir quedarse en casa • Aumento de los alquileres en general, importantes gastos fijos que hay que soportar
Sociocultural	• Necesidad expresada por los jóvenes de salir y divertirse después del trabajo o de las clases
Tecnológico	• Fibra óptica en la ciudad que tenga como objetivo aumentar las posibilidades de conexión a Internet
Económico	• Protección de la salud pública relacionada con la bebida y el tabaco • Medidas de prevención contra la contaminación acústica
Legislativo	• Ley antitabaco: los fumadores ya no pueden fumar ni beber dentro de un establecimiento público

Sin embargo, el mercado ofrece diversas ventajas y se presenta favorable a la apertura del bar. Los estudiantes siempre están buscando sitios en los que descansar, en los que tomar algo y divertirse. Es decir, las actividades que se organizarán y los precios competitivos que se ofrecerán atraerán sin duda a una clientela objetivo.

Análisis de la clientela objetivo del proyecto

La clientela objetivo abarca, sobre todo, a los estudiantes universitarios de la ciudad. Apoyándonos en un estudio de mercado centrado en los clientes potenciales, observamos que más de un 60% de los mismos se muestran a favor de la apertura de un bar en el centro de la ciudad, y que el 5% estarían dispuestos a frecuentarlo con regularidad. Cabe destacar que la mayor parte de las personas prefieren salir durante la semana, ya que muchos vuelven a casa el fin de semana. La apertura del bar el viernes y el sábado estaría enfocada a jóvenes trabajadores que no tienen la posibilidad de salir durante los días laborales.

Por su parte, la clientela secundaria estaría formada por jóvenes de entre 18 y 35 años. Los estudios estadísticos del mundo nocturno en la región señalan que un 20% de los jóvenes salen al menos una vez al mes, y que un 10% lo hace todas las semanas. Cada noche gastan una media de 12 €. Los emprendedores, puesto que conocen bien la atmósfera estudiantil y se hacen una idea clara del potencial y de la importancia de su futura clientela, afirman estar en condiciones de proyectarse con objetividad y de ofrecer datos coherentes.

Se ha realizado un cálculo cuantitativo de la posible clientela que revela que el 23% (150 000) de los 650 000 habitantes de la ciudad y de los alrededores tienen entre 18 y 35 años,

- el 20% salen una vez al mes (20% de 150 000 x 12 €)
- el 10% sale unas cuatro veces al mes (10% de 150 000 x 12 € x 4 salidas)

En términos generales, en la ciudad, la facturación estimada es de 1 080 000 € al mes, es decir, 360 000€ + 720 000 € (atención: esta cifra de facturación es solo una estimación del mercado, sirve para todos los tipos de gastos relativos a salir a tomar algo a un bar, y se ha realizado sobre un mes completo). Si los emprendedores recogen datos sobre un año completo, teniendo en cuenta la probable caída del consumo durante el invierno y los días de lluvia (- 5% durante seis meses) así como el alza del consumo durante las estaciones en que hace buen tiempo (+ 10% durante seis meses), logran alcanzar una cifra de facturación anual de 13 284 000 € (6 156 000 € + 7 128 000 €).

Análisis de la competencia

El análisis de la competencia se ha realizado directamente sobre el terreno. De hecho, se han identificado y analizado siete empresas de venta de bebidas en un radio de tres kilómetros. Dos de ellas son bares para estudiantes en los que la música está muy alta excepto por la noche los días laborales. Ambos proponen una buena selección de bebidas, entre las que se encuentran muchas cervezas especiales. Sin embargo, los emprendedores que desean posicionarse en el mercado creen que sus propios precios, más democráticos aunque con una gama de opciones más reducida, garantizan una ventaja competitiva.

Si bien se han realizado una serie de previsiones, los emprendedores se declaran abiertos a cambios de estrategia en función de la demanda, los deseos y el comportamiento de sus primeros clientes. El objetivo en este punto es satisfacer a la mayoría de los mismos para conseguir fidelizarlos y lograr que hablen del nuevo establecimiento.

Basándose en los datos de la clientela y la competencia, la evolución de la cuota de mercado de BarraCuba debería variar en un 0,5% en el primer año, en un 1,2% en el segundo y en un 1,5% en el tercero.

Previsiones de los tres primeros años

	AÑO 1	AÑO 2	AÑO 3
Cuota de mercado	0,50 %	1,20 %	1,50 %
Facturación/año	66 420 €	159 408 €	199 260 €

Plan de marketing del BarraCuba

Conforme a su visión y a su estudio de mercado, deciden proceder de la siguiente forma:

Plan de marketing del BarraCuba

PRECIO	PRODUCTO	POSICIÓN	PROMOCIÓN
• Precios bajos y atractivos, que marcan una diferencia con los de la competencia • Descuentos en determinados momentos	• Una buena oferta de refrescos, la mayor parte de las cervezas tradicionales que se venden en el sector y algunas cervezas especiales • Posible evolución	• Situado en el corazón del barrio de estudiantes, zona de paso	• Carteles en el campus con información práctica sobre las noches temáticas • Tablón de anuncios en el escaparate del bar • ... con la esperanza de que la información pase de boca en boca entre los alumnos

Plan operativo

La gestión cotidiana del establecimiento será llevada a cabo por los dos gerentes designados con anterioridad:

- Charles T., comercial, se encargará sobre todo del contacto con proveedores, con la ciudad y con las instancias reguladores, así como de la gestión del bar;
- Thomas P., contable, se encargará de la gestión de fondos, de la contabilidad/fiscalidad y de todo aquello que afecte a cuestiones financieras. También se ocupará de gestionar el bar por las noches.

En un principio, no tienen proyectado subcontratar ninguna actividad, a excepción de los posibles aspectos de carácter excepcional e inesperado que puedan surgir relacionados con la justicia o con problemas técnicos y que no puedan resolver ellos mismos. Prevén contratar a cinco estudiantes a tiempo parcial, con contrato de estudiante, para poner en marcha el bar y poder asumir la afluencia de gente a sus noches temáticas.

Plan de apertura del BarraCuba

- Mes 1 y 2 (febrero-marzo): estudio de mercado, plan financiero y validación del plan de negocios (etapa en curso).
- Mes 3 y 4 (abril-mayo): obtención de un préstamo bancario, toma de contacto con el propietario del futuro local y con la ciudad, ofrecerle información a los ciudadanos.
- Mes 5 (junio): obtención de acuerdos y licencias para poner en marcha el bar y negociación de contratos con los proveedores.
- Mes 6 (julio): inicio de la promoción del futuro bar y búsqueda de estudiantes que deseen trabajar en el mismo.
- Mes 7 (agosto): instalación de muebles, escenario y mostrador.
- Mes 8 (septiembre): apertura oficial del bar con el inicio del año académico con una noche especial y con descuentos sobre determinadas bebidas.

Plan financiero

A continuación se muestra la tabla con los principales suministros y utilización de fondos necesarios para el lanzamiento.

Plan financiero

USO DE FONDOS	PROCEDENCIA DE FONDOS
Fondos de comercio : 12 000 € Contrato de alquiler (12 meses) : 9 600 € Depósito : 1 600 € Activos fijos : 2 500 € Diseño : 600 € Caja registradora : 450 € Publicidad : 500 € Presupuesto provisional : 5 000 €	Aporte del gerente 1 : 12 500 € Aporte del gerente 2 : 12 500 € Préstamo deseado : 12 250 €

Si observamos sus previsiones de venta, observamos que la facturación esperada para el primer año de lanzamiento («n») se eleva a 66 420 €, para el segundo a 159 408 € y para el tercero a 199 260 €. El beneficio neto previsto para los tres primeros años debería evolucionar de la siguiente forma:

- n – Año de lanzamiento: 249 € (pérdida);
- n + 1 – Segundo año: 30 432 €;
- n + 2 – Tercer año: 46 452 €.

Tabla de previsiones de los primeros años de lanzamiento

	AÑO 1	AÑO 2	AÑO 3
Facturación	66 420 €	159 408 €	199 260 €
Costes de explotación	20 000 €	20 000 €	20 000 €
Compra de mercancía	26 568 €	63 763,2 €	79 704 €
Costes laborales	15 000 €	25 000 €	25 000 €
Resultado de la explotación	4 852 €	50 644,8 €	74 556 €
Impuestos y tasas (33 %)	1 601,16 €	16 712,784 €	24 603,48 €
Intereses y préstamos	2 000 €	2 000 €	2 000 €
Otros costes	1 500 €	1 500 €	1 500 €
Beneficio neto	- 249,16 €	30 432,016 €	46 452,52 €

En plan de negocios tiene que más allá de los primeros años de lanzamiento. Cuando los gerentes del BarraCuba lleguen al final del primer año (y de los siguientes), tendrán que comparar obligatoriamente sus previsiones con lo que se ha logrado y reflexionar sobre las causas de los posibles desvíos con respecto al plan inicial obtenidos. Corregir una estrategia en curso siempre es posible y, cuanto antes se realice la reorientación del plan, mayor será la posibilidad de alcanzar los objetivos inicialmente fijados.

REPERCUSIONES

UN PLAN DE NEGOCIOS CRITICABLE

Como cualquier modelo, el plan de negocios también es objeto de algunas críticas.

* **El plan de negocios no es más que un estudio estimado del proyecto y, por lo tanto, no garantiza de forma absoluta la rentabilidad**. Pueden suceder muchos acontecimientos inesperados que hagan que las previsiones establecidas se tambaleen: un error en el cálculo de la facturación, una mala estimación del mercado, una caída en el consumo, un error en la concepción del producto o una guerra de precios de la competencia. Nadie puede predecir el futuro, pero hay que tener en cuenta que, pase lo que pase, el plan de negocios servirá de base de trabajo.
* **Los cambios regulares que haya que implementar en el plan de negocios pueden parecer poco atractivos**. En el caso de las *startup* o de empresas activas en sectores en constante movimiento (como es el caso de la informática, por ejemplo, en la que la velocidad de obsolescencia de un producto es muy elevada), las modificaciones del plan inicial son corrientes: una modificación de la estrategia, una mejora del proyecto, un cambio de clientela inesperado, etc. El plan de negocios inicial deja de ser pertinente, puesto que los puntos principales del mismo se han alejado demasiado de la realidad.
* **La falta de recursos necesarios (tiempo, energía y competencias) para realizar un plan de negocios eficaz y completo.** Debido a que la elaboración de un plan de

negocios suele ser larga y tediosa, este parece irrealizable a ojos de los jóvenes emprendedores, que no pueden dedicarle suficiente tiempo. El estudio de mercado, del producto, la descripción de la empresa, así como el plan financiero, precisan también de recursos exteriores para su corrección y validación, y no permiten, por tanto, que los emprendedores se concentren en su *core business* en un primer momento. En algunos casos, esto puede llevar a que algunos abandonen la idea de hacerse emprendedores.

- **Existen pocas alternativas posibles**. Por desgracia, existen pocas o ninguna alternativa al plan de negocios. A la hora de conseguir fondos, su ausencia puede ser perjudicial para la joven empresa, ya que los bancos y otros organismos financieros quieren contar con una base sólida antes de invertir. Sin embargo, es muy probable que esta actitud termine por evolucionar y favorecer los estudios de creación de empresas simplificados, como ya sucede en Canadá (con el método SynOpp, por ejemplo). No obstante, existen dos casos en los que el plan de negocios no es obligatorio: cuando un emprendedor decide conseguir por sí mismo los fondos necesarios para su proyecto; y cuando empresas que generan un alto valor añadido pero que poseen un elevado riesgo se valen de inversiones particulares, de *business angels* o incluso de fondos de inversión (con todo, deberán presentar los puntos principales del plan de negocios, como el futuro producto, su utilidad, los clientes potenciales y, por último, la facturación prevista).

Los *business angels* son inversores particulares con experiencia (que disponen de capital propio) que, guiados por la intuición, otorgarán financiación y conseguirán que sus protegidos se beneficien de su experiencia, de su red de negocios y de su conocimiento, como asociados de la nueva empresa. Las jóvenes empresas que se valen de este tipo de inversores son a menudo *startup* que tienen un gran potencial de crecimiento, que proponen soluciones innovadoras sobre todo en materia de nuevas tecnologías o de técnicas industriales, incluso en mercados emergentes.

LAS EXTENSIONES DEL PLAN DE NEGOCIOS

El cuadro de mando integral

Se trata de una herramienta de dirección y gestión de empresa que se basa en indicadores clave, los KPI (*Key Performance Indicators*), que ofrece a los directores y managers una visión clara y global de las actividades importantes que están en curso o que se van a poner en marcha. No existe un solo tipo de cuadro de mando, puesto que este se ha de adaptar al tipo de sociedad. Encontramos además indicadores genéricos, como la facturación, indicadores propios a cada sector.

El cuadro de mando integral puede utilizarse junto al plan de negocios ya que, al retomar las cifras clave, ayuda en la dirección y el seguimiento de la joven empresa a lo largo de sus primeros años. Además de dirigir la empresa, esta herramienta de gestión permite también anticipar problemas mediante el establecimiento de previsiones que serán comparadas más adelante con la realidad, y también permite desarrollar una estrategia clara. Gracias a los diferentes ejes estratégicos estudiados, no se pasa nada por alto.

- **Eje financiero**: facturación, beneficios esperados, beneficio por acción (EPS o *Earnings Per Share*), retorno sobre la inversión (RSI o ROI, *Return On Investments)*, rentabilidad económica (RE o ROA, *Return On Assets*), etc.
- **Eje del cliente**: cuota de mercado, nivel de satisfacción del cliente, tasa de fidelización, etc.
- **Eje de los procesos internos**: duración y coste de producción, tiempos de entrega, tiempos de respuesta al cliente, etc.
- **Eje del aprendizaje organizacional**: número de quejas de los empleados, tasa de satisfacción interna, número de formaciones a las que se ha acudido, posibilidades de evolución, etc.

El diagrama de Gantt

Se trata de una herramienta de dirección de proyectos, que se utiliza regularmente en informática o ingeniería. Permite representar gráficamente (por medio de barras horizontales) el estado de desarrollo del proyecto, los distintos *milestones* (datos clave) y lo que aún no se ha llevado a cabo. Esta herramienta resulta muy útil en el marco del lanzamiento de una empresa.

Ejemplo de diagrama de Gantt

Nombre de la tarea	Inicio	Fin	Junio	Julio	Agos.	Sept.
Estudio comparativo de la maquinaria	1/06/15	30/06/15	▬			
Búsqueda de proveedores	20/06/15	20/07/15	▬			
Entrega de la máquina	20/07/15	10/08/15		▬		
Instalación de la máquina	10/08/15	16/08/15			▬	
Primera prueba de la máquina	17/08/15	18/08/15			▪	
Lanzamiento de la producción	18/08/15					▬

EN RESUMEN

- El plan de negocios es una guía operativa que resulta útil cuando se crea una empresa o se lanza un proyecto de envergadura, puesto que permite describir con precisión las líneas de conducta y las previsiones futuras (en un margen de tres años), ofreciendo una visión global del proyecto a corto y medio plazo.
- Está destinado a los directivos y gerentes del proyecto, que necesitan garantizar la viabilidad del mismo y seguir con atención su desarrollo. También permitirá convencer a los inversores e informar a todos los colaboradores de sus respectivas tareas y de sus responsabilidades.
- Los principales objetivos de este documento dividido en una decena de capítulos son:
  - presentar los productos y sus ventajas mediante el plan de marketing;
  - describir el contexto tanto de la empresa como de su entorno gracias al estudio de mercado;
  - comunicar las previsiones financieras mediante el plan financiero fijado.
- Su principal ventaja reside en la delimitación del proyecto que propone, evitando así que existan zonas grises. Poder determinar una estrategia clara y eficaz es esencial tanto en épocas de crisis como en épocas de normalidad.
- El plan de negocios es prácticamente obligatorio en caso de solicitar financiación por parte de organismos públicos y bancos, puesto que hay pocas o ninguna alternativa al mismo. Algunos inversores privados, como los *business angels,* preferirán una presentación corta y simplificada

que se centre sobre todo en el producto, en su utilidad y en el famoso retorno sobre la inversión.

- Para ser eficaz, un plan de negocios debe calcularse correctamente y con objetividad. Hay que evitar a toda costa cometer errores o, peor aún, disimular datos que puedan ser perjudiciales, so pena de que la empresa se hunda.
- Es importante que personas externas a la empresa validen el plan para garantizar su viabilidad y su comprensión.
- Finalmente, si se utiliza junto al cuadro de mando integral, el plan de negocios debe servir de documento de referencia a lo largo de los primeros años de lanzamiento de la joven sociedad o del nuevo proyecto descrito. Los emprendedores deben poder utilizarlo como punto de referencia para garantizar el buen funcionamiento de la estrategia y la rentabilidad del proyecto. En caso de ser necesario, habrá que modificar los objetivos, efectuar cambios y realizar nuevas previsiones.

¡Tu opinión nos interesa!
¡Deja un comentario en la página web de tu librería en línea,
y comparte tus favoritos en las redes sociales!

PARA IR MÁS ALLÁ

FUENTES BIBLIOGRÁFICAS

- Abrams, Rhonda. 2014. *The Successful Business Plan: Secrets and Strategies*. Palo Alto: Planning Shop.
- "Business plan: quels points aborder?". *BECI*. Consultado el 28 de abril del 2015. http://www.beci.be/services/je_cree_ma_societe/business_plan_quels_points_aborder/
- "Business plan". *Entrepreneur*. Consultado el 28 de abril del 2015. http://www.entrepreneur.com/encyclopedia/business-plan
- Filion, Louis Jacques, Claude Ananou y Christophe Schmitt. 2012. *Réussir sa création d'entreprise sans business plan*. París: Eyrolles.
- Kotler Philip, Kevin Keller y Delphine Manceau. 2012. *Marketing Management*, 14.ª edición. Montreuil: Pearson.
- Lavinski, Dave. 2013. "Business Plan Outline – 23 Point Checklist For Success". *Forbes*. Consultado el 28 de abril del 2015. http://www.forbes.com/sites/davelavinsky/2013/12/03/business-plan-outline-23-point-checklist-for-success/
- "Tableau de bord et reporting". *LICP*. Consultado el 10 de junio del 2015. http://www.licp.fr/site/images/stories/pdf/BTS_cgo/p8_9_chap8.pdf
- Universidad de Namur. "Guide d'information. Le plan d'affaires ou business plan". *UNamur*. Consultado el 28 de abril del 2015. http://www.unamur.be/recherche/utiles/optival/formations/OPTIVALGuidePlanAffaires.pdf

FUENTES COMPLEMENTARIAS

- Berk, Jonathan y Peter DeMarzo. 2014. *Finance d'entreprise*. Montreuil: Pearson.
- Kubicki, Morgane. 2014. *Le marketing mix et les 4 P du marketing. Comment déterminer une stratégie de prix?* Bruselas: Lemaitre Publishing, colección *50Minutos*.
- Stutely, Richard. 2001. *The Definitive Business Plan: The Fast-Track to Intelligent Business Planning for Executives and Entrepreneurs*. Upper Saddle River: FT Press.

en50MINUTOS.es
Historia
Economía y empresa
Coaching
EL DIAGRAMA DE ISHIKAWA
Material Método Máquina
Madre Naturaleza Medida Hombres
LA GUERRA DE PALESTINA DE 1948
ADAM SMITH